LE
CHANSONNIER

DES
AMIS DE LA GAITÉ

CONTENANT

de joueuses Chansons comiques,
grivoises et sentimentales,

pour tous les goûts,

ET CHANTER EN SOCIÉTÉ.

PARIS.

LE BAILLY, LIBRAIRE,

Quai des Augustins, 27.

Le Bouillon de l'Amour

LE
CHANSONNIER

DES

AMIS DE LA GAITÉ

CONTENANT

de joueuses Chansons comiques,
grivoises et sentimentales,

pour tous les goûts,

ET CHANTER EN SOCIÉTÉ.

PARIS.

LE BAILLY, LIBRAIRE,

Quai des Augustins, 27.

1851

CHANSONS.

LE DÉLIRE BACHIQUE.

AIR : Pomm's de reinette, Pomm's d'api.

Quand on est mort, c'est pour longtemps,
Dit un vieil adage
Fort sage ;
Employons donc bien nos instants,
Et contents,
Narguons la faux du temps.

De la tristesse
Fuyons l'écueil ;
Evitons l'œil
De l'austère Sagesse.
De sa jeunesse
Qui jouit bien ,
Dans sa vieillesse
Ne regrettera rien.
Si tous les sots ,
Dont les sanglots ,
Mal à propos ,
Ont éteint l'existence ,
Redevenaient
Ce qu'ils étaient ,
Dieu sait, je pense ,
Comme ils s'en donneraient !
Quand on est mort, etc.

Pressés d'éclore,
Que nos désirs,
Que nos plaisirs
Naissent avec l'aurore ;
Quand Phébus dore
Notre réduit,
Chantons encore,
Chantons quand vient la nuit ;
Des joyeux sons
De nos chansons
Etourdissons
La ville et la campagne,
Et que, moussant
A notre accent,
Le gai champagne
Répéte en jaillissant :
Quand on est mort, etc.

Jamais de gêne,
Jamais de soin ;
Est-il besoin
De prendre tant de peine
Pour que la haine,
Lançant ses traits,
Tout à coup vienne
Détruire nos succès ?
Qu'un jour mon nom
De son renom
Remplisse ou non
Le temple de Mémoire,

J'ai la gaîté,
J'ai la santé,
Qui vaut la gloire
De l'immortalité.
Quand on est mort, etc.

Est-il monarque
Dont les bienfaits,
Dont les hauts faits
Aient désarmé la Parque?
Le souci marque
Leur moindre jour,
Et puis la barque
Les emporte à leur tour.
Je n'ai pas d'or,
Mais un trésor
Plus cher encor
Me console et m'enivre;
J'aime, je bois,
Je plais parfois;
Qui sait bien vivre
Est au-dessus des rois.
Quand on est mort, etc.

Au lit, à table,
Aimons, rions,
Puis envoyons
Les affaires au diable.
Juge implacable,
Sot chicaneur,
Juif intraitable

Respectez mon bonheur.
Je suis, ma foi,
De mince aloi ;
Epargnez-moi
Votre griffe funeste....
Sans vous, hélas!
N'aurai-je pas
Du temps de reste
Pour me damner là-bas ?
Quand on est mort, etc.

Quand le tonnerre
Vient en éclats
De son fracas
Epouvanter la terre,
De sa colére
Qu'alors pour nous
Le choc du verre
Amortisse les coups.
Bouchons, volez!
Flacons, coulez!
Buveurs, sablez!
Un Dieu sert les ivrognes.
Au sein de l'air,
Que notre œil fier,
Nos rouges trognes
Fassent pâlir l'éclair.
Quand on est mort, etc.

De la guinguette
Jusqu'au boudoir,

Matin et soir
Circulons en goguette.
Guerre aux grisettes,
Guerre aux jaloux,
Guerre aux coquettes,
Surtout guerre aux époux.
Sur vingt tendrons,
Bien frais, bien ronds,
En francs lurons,
Faisons rafle à toute heure,
Puisque aussi bien,
Sage ou vaurien,
Il faut qu'on meure;
Ne nous refusons rien.

Quand on est mort, c'est pour longtemps,
Dit un vieil adage
Fort sage;
Employons donc bien nos instants,
Et contents,
Narguons la faux du temps..

VIVRE LOIN DE SES AMOURS.

S'il est vrai que d'être deux
Fut toujours le bien suprême,
Hélas! c'est un mal affreux
De ne plus voir ce qu'on aime.
Vivre loin de ses amours,
N'est-ce pas mourir tous les jours?

Chaque instant vient attiser
La flamme qui vous dévore,
On se rapelle un baiser
Et mille baisers encore.
Vivre loin de ses amours,
N'est-ce pas mourir tous les jours?

La nuit en dormant, hélas!
Victime d'un doux mensonge,
Vous vous sentez dans ses bras;
Le jour vient..... c'était un songe.
Vivre loin de ses amours,
N'est-ec pas mourir tous les jours?

Un tissu de ses cheveux
Est le seul bien qul me reste;
Il devait me rendre heureux;
C'est un trésor bien funeste.
Vivre loin de ses amours,
N'est-ce pas mourir tous les jours?

L'ATELIER DU PEINTRE,

OU LE PORTRAIT MANQUÉ.

Air de la Catacoua.

Jaloux de donner à ma belle
Un duplicata de mes traits,
Je demande quel est l'Apelle
Le plus connu par ses portraits.
C'est, me répond l'ami Dorlange,
Un artiste nommé Mathieu.

Il prend fort peu....
Mais, ventrebleu!
Quel coloris, quelle grâce, quel feu !
Il vous attrape comme un ange,
Et loge près de l'Hôtel-Dieu.

Vite je cours chez mon Apelle,
J'arrive et ne sais où j'en suis;
Son escalier est une échelle,
Et sa rampe une corde à puits.
Un chantre est au premier étage ,
Au second loge un chaudronnier,
    Puis un gaînier,
    Un rubanier,
Puis au cinquième un garçon cordonnier.. .
Je reprends haleine et courage,
Et j'arrive enfin au grenier.

J'entre, et d'abord sous une chaise
Je vois le buste de Platon;
Sur un Hercule de Farnèse
S'élève un bonnet de coton;
Un briquet est dans une mule,
Dans un verre un peigne édenté;
    Un bas crotté
    Sur un pâté,
Un pot à l'eau sous une volupté,
L'amour près d'un tison qui brûle,
Et la Frileuse à son côté.

Le portrait d'un acteur tragique
Est vis-à-vis d'un mannequin;

Je vois sur la Vénus pudique
Une culotte de nankin ; .
Une tête de Diogène
A pour pendant un potiron ;
    Prés d'Apollon
    Est un poêlon ;
Psyché sourit à l'ombre d'un chaudron,
Et les restes d'une *romaine*
Sont sous l'œil du cruel Néron.

Devant une vitre brisée
S'agite un morceau de miroir,
Et sous la barbe de Thésée
Est une lame de rasoir ;
Sous un Plutus une Lucrèce ;
Sur un tableau récemment peint
    Je vois un pain,
    Un escarpin,
Une Vénus sur un lit de sapin,
Et la Diane chasseresse
Derrière une peau de lapin.

Seul, j'admirais ce beau désordre,
Quand un homme, armé d'un bâton,
Entre, et m'annonce que par ordre
Il va me conduire en prison.
Je résiste.... il me parle en maître,
Je lui lance un Caracalla,
    Un Attila,
    Un Scévola,
Un Alexandre, un Socrate, un Sylla,

Et j'écrase le nez du traître
Sous le poids d'un Caligula.

A ses cris, aux fracas des bosses,
Je vois, vers moi, de l'escalier
S'élancer vingt bêtes féroces,
Vrais visages de créancier.
Sur ma tête, assiettes, bouteilles,
Pleuvent au gré de leur fureur ;
    Et le traiteur,
    Le blanchisseur,
Le perruquier, le bottier, le tailleur,
Font payer à mes deux oreilles
Le nez de leur ambassadeur.

Au lieu d'emporter mon image,
Comme je l'avais espéré,
Je sors n'emportant qu'un visage
Pâle, meurtri, défiguré.
O vous ! sensibles créatures,
Aux traits bien fins, bien réguliers,
    Des noirs huissiers,
    Des noirs greniers
Évitez bien les périls meurtriers,
Et que Dieu garde vos figures
Des peintres et des créanciers !

LE CHEVALIER ERRANT

A LA RECHERCHE DE SA BELLE.

Dans un vieux château de l'Andalousie,
Au temps où l'amour se montrait constant,
Où beauté, valeur et galanterie
Guidaient au combat un fidèle amant,
Un beau chevalier un jour se présente,
Visière levée et la lance en main,
Il vient demander si sa douce amante
N'est pas, par hasard, chez le châtelain.

Noble chevalier, quelle est votre amie?
Demande à son tour le vieux châtelain.
Ah! de fleur d'amour, c'est la plus jolie,
Elle a teint de rose et peau de satin;
Elle a de beaux yeux dont le doux langage
Porte en notre cœur doux enchantement;
Elle a tout enfin : elle est belle et sage.
Pauvre chevalier, chercherez longtemps.

Depuis qu'ai perdu cette noble dame,
N'ai plus de repos, n'ai plus de plaisir,
En chaque pays, guidé par ma flamme,
Vais cherchant l'objet de tous mes désirs.
Des Gaules j'ai vu les plaines fleuries,
Du nord, parcouru les climats lointains;
J'ai trouvé partout des femmes jolies,
Mais fidèle amie, ah! je cherche en vain.

Guidez de mes pas la marche incertaine ;
Où puis-je trouver ce que j'ai perdu ?
Mon fils, votre sort, hélas! me fait peine,
Ce que vous cherchez ne se trouve plus.
Poursuivez pourtant votre long voyage,
Et si rencontrez un pareil trésor,
Ne le perdez plus. Adieu! bon courage.
L'amant repartit, mais il cherche encor.

Savez-vous pourquoi cet amant fidèle
N'a pas retrouvé ce qu'il a perdu ?
C'est que, pour chercher les pas de sa belle,
Dans notre pays il n'est pas venu.
Si, pour abréger sa peine cruelle,
Le vieux châtelain l'eût conduit ici,
Il aurait trouvé des femmes fidèles,
Et son long voyage eût été fini.

LE DÉPART POUR LA SYRIE.

Partant pour la Syrie,
Le jeune et beau Dunois
Venait prier Marie
De bénir ses exploits :
« Faites, reine immortelle, »
Lui dit-il en partant,
« Que j'aime la plus belle,
« Et sois le plus vaillant. »

Il trace sur la pierre
Le serment de l'honneur,

Et va suivre à la guerre
Le Comte, son seigneur.
Au noble vœu fidèle,
Il dit en combattant :
« Amour à la plus belle,
« Honneur au plus vaillant. »

« On lui doit la victoire,
a Vraiment, dit le seigneur,
« Puisque tu fais ma gloire,
« Je ferai ton bonheur.
« De ma fille Isabelle
« Sois l'époux à l'instant,
« Car elle est la plus belle
« Et toi le plus vaillant.

A l'autel de Marie,
Ils contractent tous deux
Cette union chérie
Qui seule rend heureux.
Chacun dans la chapelle
Disait en les voyant :
« Amour à la plus belle,
a Honneur au plus vaillant.

LA CHASSE, TONTON, TONTAINE.

Mes amis, partons pour la chasse,
Du cor j'entends le joyeux son,
    Tonton, tonton,
    Tontaine, tonton.
Jamais ce plaisir ne nous lasse,
Il est bon en toute saison,
    Tonton,
    Tontaine, tonton.

A sa manière chacun chasse,
Et le jeune homme et le barbon,
    Tonton, tonton,
    Tontaine, tonton.
Mais le vieux chasse la bécasse,
Et le jeune un gibier mignon,
    Tonton,
    Tontaine, tonton.

Pour suivre le chevreuil qui passe,
Il parcourt les bois, le vallon,
    Tonton, tonton,
    Tontaine, tonton,
Et jamais, en suivant sa trace,
Il ne trouve le chemin long,
    Tonton,
    Tontaine, tonton.

A l'affût le chasseur se place,
Guettant le lièvre ou l'oisillon,
    Tonton, tonton,
    Tontaine, tonton ;
Mais si jenne fillette passe,
Il la prend : pour lui tout est bon,
    Tonton,
    Tontaine, tonton.

Le vrai chasseur est plein d'audace ;
Il est gai, joyeux et luron,
    Tonton, tonton,
    Tontaine, tonton ;
Mais quelque fanfare qu'il fasse,
Le chasseur n'est pas fanfaron,
    Tonton,
    Tontaine, tonton.

Quand un bois de cerf l'embarrasse,
Chez sa voisine, sans façon,
    Tonton, tonton,
    Tontaine, tonton,
Bien discrètement il le place
Sur la tête d'un compagnon,
    Tonton,
    Tontaine, tonton,

Quand on a terminé la chasse,
Le chasseur se rend au grand rond,
    Tonton, tonton,
    Tontaine, tonton.

Et chacun boit à pleine tasse
Au grand saint Hubert, son patron,
  Tonton,
  Tontaine, tonton

MARION DU MERSAN.

LE BON BUVEUR.

AIR : A boire.

Qu'un autre célébre l'Amour,
  Les Grâces et leur mére ;
Le dieu du vin est sans détour
  Le dieu que je préfère ;
    Malgré la beauté,
    Ma foi, tout compté,
  J'aime encore mieux boire :
    On aime un instant,
    Mais on boit longtemps,
  Nous disait feu Grégoire.

Ne me vante point tes lauriers,
  Cruel dieu de la guérre :
Tes héros, tes braves guerriers
  Epouvantent la terre.
    Conviens avec moi
    Qu'il vaut mieux cent fois
  Se battre à coups de verre ;
    On se bat gaîment,
    L'on vit plus longtemps :
  Vive pareille guerre !

Chacun prône le paradis
  Que Mahomet nous donne ;
Il nous y promet des plaisirs ,
  C'est nous la bailler bonne.
    Pauvre amant sans vin.,
    Dans ce lieu divin ,
    Hélas ! je me consume.
    Amour, ton beau feu
    Se conserve peu
    Si le vin ne l'allume.

Le Bourguignon a beau vanter
  Sa liqueur nourrissante ,
Et le Champenois préférer
  Sa mousse pétillante ,
    Quand le vin est bon ,
    J'en bois sans façon ,
    Et je bois à merveille ,
    Pourvu que toujours ,
    Chacun à son tour,
    M'apporte une bouteille.

LA MÈRE MICHEL.

C'est la mère Michel qui a perdu son chat,
Qui cri' par la fenêtr', qui est-c' qui lui rendra,
Et l' compèr' Lustucru qui lui a répondu :
« Allez, la mèr'Michel, vot'chat n'est pas perdu. »

C'est la mère Michel qui lui a demandé :
« Mon chat n'est pas perdu ! vous l'avez donc trouvé ; »

Et l'compèr' Lustucru qui lui a répondu :
« Donnez un' récompense, il vous sera rendu. »

Et la mère Michel lui dit : « C'est décidé :
Si vous rendez mon chat, vous aurez un baiser. »
Le compèr' Lustucru, qui n'en a pas voulu,
Lui dit : « Pour un lapin votre chat est vendu. »

VIVE HENRI IV.

Vive Henri Quatre !
Vive ce roi vaillant !
Ce diable à quatre
A le triple talent
De boire et de battre,
Et d'être vert galant.

Chantons l'antienne
Qu'on chant'ra dans mille ans :
Que Dieu maintienne
En paix ses descendants,
Jusqu'à ce qu'on prenne
La lune avec les dents.

J'aimons les filles,
Et j'aimons le bon vin.
De nos bons drilles
Voilà tout le refrain.
Oui, j'aimons les filles,
Et j'aimons le bon vin.

Moins de soudrilles
Eussent troublé le sein
De nos familles,
Si l'ligueux plus humain
Eût aimé les filles,
Eût aimé le bon vin.

IL ÉTAIT UNE BERGÈRE.

Il était un' bergère,
Eh! ron, ron, ron, petit patapon;
Il était un' bergère,
Qui gardait ses moutons,
Ron, ron,
Qui gardait ses moutons.

Elle fit un fromage,
Eh! ron, ron, ron, petit patapon;
Elle fit un fromage,
Du lait de ses moutons,
Ron, ron,
Du lait de ses moutons.

Le chat qui la regarde,
Eh! ron, ron, ron, petit patapon;
Le chat qui la regarde,
D'un petit air fripon,
Ron, ron,
D'un petit air fripon.

Si tu y mets la patte,
Eh! ron, ron, ron, petit patapon ;
　Si tu y mets la patte,
　Tu auras du bâton,
　　Ron, ron,
　Tu auras du bâton.

　Il n'y mit pas la patte,
Eh! ron, ron, ron, petit patapon ;
　Il n'y mit pas la patte,
　Il y mit le menton,
　　Ron, ron,
　Il y mit le menton.

　La bergère en colère,
Eh! ron, ron, ron, petit patapon ;
　La bergère en colère
　Tua son p'tit chaton,
　　Ron, ron,
　Tua son p'tit chaton.

　Elle fut à confesse,
Eh! ron, ron, ron, petit patapon ;
　Elle fut à confesse,
　Pour demander pardon,
　　Ron, ron,
　Pour demander pardon.

　Mon père, je m'accuse,
Eh! ron, ron, ron, petit patapon ;
　Mon père, je m'accuse

D'avoir tué mon chaton,
        Ron, ron,
D'avoir tué mon chaton.

Ma fill', pour pénitence,
Eh ! ron, ron, ron, petit patapon ;
    Ma fill', pour pénitence,
    Nous nous embrasserons,
        Ron, ron,
    Nous nous embrasserons.

La pénitence est douce,
Eh ! ron, ron, ron, petit patapon ;
    La pénitence est douce,
    Nous recommencerons,
        Ron, ron,
    Nous recommencerons.

AU CLAIR DE LA LUNE.

Au clair de la lune,
Mon ami Pierrot,
Prête-moi ta plume
Pour écrire un mot.
Ma chandelle est morte,
Je n'ai plus de feu.
Ouvre-moi ta porte,
Pour l'amour de Dieu.

Au clair de la lune,
Pierrot répondit :

Je n'ai pas de plume,
Je suis dans mon lit.
Va chez la voisine,
Je crois qu'elle y est,
Car dans sa cuisine
On bat le briquet.

Au clair de la lune,
L'aimable Lubin
Frappe chez la brune;
Ell' répond soudain :
Qui frapp' de la sorte?
Il dit à son tour :
Ouvrez votre porte,
Pour le dieu d'amour.

Au clair de la lune,
On n'y voit qu'un peu.
On cherche la plume,
On chercha du feu.
En cherchant d'la sorte,
Je n'sais c'qu'on trouva,
Mais j'sais que la porte
Sur eux se ferma.

GIROFLÉ, GIROFLA.

Que t'as de belles filles,
Giroflé, Girofla,
Que t'as de belles filles,
L'amour m'y compt'ra.

Ell' sont bell' et gentilles,
Giroflé, Girofla ;

Ell' sont bell' et gentilles,
L'amour m'y compt'ra.

Donne-moi z'en donc une,
Giroflé, etc.

Pas seulement la queue d'une,
Giroflé, etc.

J'irai au bois seulette,
Giroflé, etc.

Que faire au bois seulette?
Giroflé, etc.

Cueillir la violette,
Giroflé, etc.

Que faire de la violette ?
Giroflé, etc.

Pour mettre à ma collerette,
Giroflé, etc.

Si le Roi t'y rencontre?
Giroflé, etc.

J'lui ferai trois révérences,
Giroflé, etc.

Si la Reine t'y rencontre?
Giroflé, etc.

J'lui ferai six révérences,
Giroflé, etc.

Si le diable t'y rencontre?
Giroflé, etc.

Je lui ferai les cornes,
Giroflé, Girofla,

Je lui ferai les cornes,
L'amour m'y compt'ra.

RONDE BACHIQUE.

Loin d'ici, sœurs du Permesse,
Chétives buveuses d'eau ;
Cachez-vous avec vitesse
Dans le plus profond ruisseau :
Bacchus m'échauffe et m'inspire ;
Il ranime tous mes sens,
C'est lui qui monte ma lyre ;
Ecoutez ses fiers accents :
Remplis ton verre vide,
Vide ton verre plein ;
Ne laisse jamais dans ta main
Ton verre ni plein ni vide,
Ne laisse jamais dans ta main
Ton verre ni vide ni plein.

Nargue de la gent savante,
Qui, du monument sans fin,
Depuis mille ans se tourmente
Sans aucun succés certain ;
Avec une aisance extrême,
Assis dans un cabaret,

Je résous ce grand problème,
Voilà quel est mon secret :
  Remplis ton verre vide, etc.

Si le ciel, dans sa colère,
Te fit le funeste don
D'une femme atrabilaire
Bouleversant la maison,
Laisse là cette mégère,
Ce lutin, ce vrai démon.
Vite accours à pas célères
Dans le plus prochain bouchon.
  Remplis ton verre vide, etc.

Si les voûtes azurées
S'écroulaient avec fracas,
Si les cimes embrasées
Vomissaient mille trépas,
La trogne toujours vermeille,
Et le front calme et serein,
En main tenant ma bouteille,
Je dirais à mon voisin :
  Remplis ton verre vide, etc.

AH! LE BEL OISEAU, MAMAN!

Ah! le bel oiseau, maman,
Qu'Alain a mis dans ma cage;
Ah! le bel oiseau, maman,
Que m'a donné mon amant!

En cachette, bier au soir,
Nous sortîmes du village :
Suis-moi, si tu veux le voir,
Me dit-il, sous ce feuillage.
Ah! le bel oiseau, maman,
Qu'Alain a mis dans ma cage;
Ah! le bel oiseau, maman,
Que m'a donné mon amant!

Pressons-nous, mon cher Alain;
S'il s'échappait, quel dommage!
Mon cœur bat, mets-y la main.
Le sien battait davantage.
Ah! le bel oiseau, maman,
Qu'Alain a mis dans ma cage;
Ah! le bel oiseau, maman,
Que m'a donné mon amant!

Il me prit un doux baiser :
Alain, Alain, sois donc sage.
C'est, dit-il, pour préparer
Du bel oiseau le langage.
Ah! le bel oiseau, maman,
Qu'Alain a mis dans ma cage;
Ah! le bel oiseau, maman,
Que m'a donné mon amant!

Il me presse de nouveau :
Je le tiens, dit-il, courage!
Le voici sous mon chapeau;
C'est le plus beau du village.

Ah ! le bel oiseau , maman ,
Qu'Alain a mis dans ma cage ;
Ah ! le bel oiseau , maman ,
Que m'a donné mon amant !

Il est a moi pour toujours ;
Il chérit son esclavage ;
C'est l'objet de mes amours ,
J'en veux jouir sans partage.
Ah ! le bel oiseau , maman ,
Qu'Alain a mis dans ma cage ;
Ah ! le bel oiseau , maman ,
Que m'a donné mon amant !

CADET ROUSSELLE.

Cadet Rousselle a trois maisons   *bis.*
Qui n'ont ni poutres ni chevrons.   *bis.*
C'est pour loger les hirondelles ;
Que direz-vous d'Cadet Rousselle ?
  Ah ! ah ! ah ! mais vraiment,
Cadet Rousselle est bon enfant.

Cadet Rousselle a trois habits ;   *bis.*
Deux jaunes, l'autre en papier gris ;   *bis.*
Il met celui-là quand il gèle,
Ou quand il pleut et quand il grêle.
  Ah ! ah ! ah ! etc.

Cadet Rousselle a trois chapeaux ;   *bis.*
Les deux ronds ne sont pas très-beaux, *bis.*

Et le troisième est à deux cornes :
De sa tête il a pris la forme.
    Ah ! ah ! ah ! etc.

Cadet Rousselle a trois beaux yeux ;   *bis.*
L'un r'garde à Caen, l'autre à Bayeux ; *bis.*
Comme il n'a pas la vu' bien nette,
Le troisième, c'est sa lorgnette.
    Ah ! ah ! ah ! etc.

Cadet Rousselle a trois souliers ;   *bis.*
Il en met deux dans ses deux pieds ; *bis.*
Le troisièm' n'a pas de semelle,
Il s'en sert pour chausser sa belle.
    Ah ! ah ! ah ! etc.

Cadet Rousselle a trois cheveux ;   *bis.*
Deux pour les fac's, un pour la queue ; *bis.*
Et quand il va voir sa maîtresse,
Il les met tous les trois en tresse.
    Ah ! ah ! ah ! etc.

Cadet Rousselle a trois garçons :   *bis.*
L'un est voleur, l'autre est fripon ; *bis.*
Le troisième est un peu ficèle ;
Il ressemble à Cadet Rousselle.
    Ah ! ah ! ah ! etc.

Cadet Rousselle a trois gros chiens, *bis.*
L'un court au lièvr', l'autre au lapin , *bis.*
L'troisièm' s'enfuit quand on l'appelle ,
Comm' le chien de Jean de Nivelle.
    Ah ! ah ! ah ! etc.

Cadet Rousselle a trois beaux chats,   *bis.*
Qui n'attrappent jamais les rats;   *bis.*
Le troisièm' n'a pas de prunelle;
Il monte au grenier sans chandelle.
    Ah! ah! ah! etc.

Cadet Rousselle a marié   *bis.*
Ses trois filles dans trois quartiers;   *bis.*
Les deux premièr's ne sont pas belles,
La troisièm' n'a pas de cervelle;
    Ah! ah! ah! etc.

Cadet Rousselle a trois deniers,   *bis.*
C'est pour payer ses créanciers;   *bis.*
Quand il a montré ses ressources,
Il les resserre dans sa bourse.
    Ah! ah! ah! etc.

Cadet Roussell' ne mourra pas,   *bis.*
Car, avant de sauter le pas,   *bis.*
On dit qu'il apprend l'orthographe
Pour fair' lui-mêm' son épitaphe.
    Ah! ah! ah! mais vraiment,
Cadet Rousselle est bon enfant.

TABLEAU DE PARIS A CINQ HEURES DU MATIN.

L'ombre s'évapore,
Et déjà l'aurore
De ses rayons dore
Les toits d'alentour,
Les lampes pâlissent,
Les maisons blanchissent,
Les marchés s'emplissent.
On a vu le jour.

De la Villette,
Dans sa charrette,
Suzon brouette
Ses fleurs sur le quai ;
Et de Vincenne
Gros-Pierre amène
Ses fruits que traîne
Un âne efflanqué.

Déjà l'épicière,
Déjà la fruitière,
Déjà l'écaillère
Saute à bas du lit.
L'ouvrier travaille,
L'écrivain rimaille,
Le fainéant bâille
Et le savant lit.

J'entends Javotte,
Portant sa hotte,
Crier carotte,
Panais et chou-fleur.
Perçant et grêle,
Son cri se mêle
A la voix frêle
Du gai ramoneur.

L'huissier carillonne,
Attend, jure et sonne,
Ressonne, et la bonne,
Qui l'entend trop bien,
Maudissant le traître,
Du lit de son maître
Prompte à disparaître,
Regagne le sien.

Gentille, accorte,
Devant ma porte
Perrette apporte
Son lait encor chaud;
Et la portière
Sous la gouttière
Pend la volière
De dame Margot.

Le joueur avide,
La mine livide
Et la bourse vide,
Rentre en fulminant,

Et sur son passage
L'ivrogne plus sage,
Rêvant son breuvage,
Ronfle en fredonnant.

Tout chez Hortense
Est en cadence,
On chante, dansé,
Joue, *et cætera...*
Et sur la pierre
Un pauvre hère
La nuit entière
Souffrit et pleura.

Le malade sonne
Afin qu'on lui donne
La drogue qu'ordonne
Son vieux médecin,
Tandis que sa belle
Que l'amour appelle,
Au plaisir fidèle,
Feint d'aller au bain.

Quand vers Cythère
La solitaire
Avec mystère
Dirige ses pas,
La diligence
Part pour Mayence,
Bordeaux, Florence,
Ou les Pays-Bas.

« Adieu donc, mon père,
Adieu donc, ma mère,
Adieu donc, mon frère,
Adieu, mes petits. »
Les chevaux hennissent,
Les fouets retentissent,
Les vitres frémissent,
Les voilà partis.

Dans chaque rue
Plus parcourue,
La foule accrue
Grossit tout à coup;
Grands, valetaille,
Vieillards, marmaille
Bourgeois, canaille,
Abondent partout.

Ah! quelle cohue!
Ma tête est perdue,
Moulue et fendue :
Où donc me cacher?
Jamais mon oreille
N'eut frayeur pareille...
Tout Paris s'éveille...
Allons nous coucher.

———

UNE VOIX DE LA PRISON!

(Sujet donné).

Air *du Forçat libéré* (de Gabriel Véry).

De mon cachot où me plonge la haine,
Mon Dieu ! vers toi s'élèvent mes accents;
Quoique captif, en contemplant ma chaine
Ma faible voix t'offre un timide encens
Lorsque le temps dans sa marche tardive
Semble se plaire à prolonger mes jours
Sans mendier ni pardon ni secours,
Ah ! qu'à toi seul aille ma voix plaintive!
Que la céleste et juste vérité
Répande à tous la force et la clarté.

Tout s'embellit des dons brillants de flore :
Le doux printemps ramène les zéphirs ;
De leurs baisers la rose se colore,
Et leur retour est celui des plaisirs.
La jalousie, armant ses mains perfides,
Mit sur mon nom son terrible cachet;
Trop tôt ravi du fraternel banquet ;
Mon front tomba sous des voix homicides.
Que la, etc.

Parfois je rêve une amante fidèle;
L'illusion, image du bonheur,
En m'enivrant me transporte près d'elle !
Mais un soupir vient dissiper l'erreur.
Mordant mes fers, je déteste la vie ,
Victime; hélas ! d'un sort non mérité...
Mais je suis fou... reprenons ma gaîté :
Souffrir n'est rien, quand c'est pour la patrie.
Que la, etc.
Pourtant bien jeune et brillant d'espérance,
Je fus plongé dans cet affreux séjour !
Je me résigne et brave la souffrance,
La mort sur moi doit s'arrêter un jour,
Là, je l'attends... Et si demain l'orage
Doit par des flots me ramener au port ;
Sans redouter les atteintes du sort,
Je redirai, m'élançant sur la plage :
Que la , etc.

Halbert (d'Angers).

LE MONDE DANS CENT ANS.

Air: *C'est en forgeant qu'on devient forgeron*
Beaucoup trop tôt nous sommes de ce monde,
Vraiment, trop tôt, mes chers contemporains;

Et j'en éprouve une douleur profonde,
Car l'univers marche à de grands destinss.
Il existait encore des barrières
Que franchiront les arts et les talents :
C'est dans cent ans seulement que nos pères
Devaient penser à faire leurs enfants.

Indolemment, sans plaisir et sans gloire,
Nous végétons comme ont fait nos aïeux ;
Ah ! disons-le, stupide est notre histoire,
Et nous devons certes désirer mieux ;
Mais en songeant que des flots de lumières
Inonderont nos heureux descendants :
C'est, etc.

Car il est vrai que bientôt sur le globe
Tout va changer, tout va se rajeunir ;
Regardez-le, jetant sa vieille robe,
Et du passé perdant le souvenir,
Répudier les hommes ordinaires
Et recréer la race des géants :
C'est, etc.

L'éloignement, l'espace et la distance
Disparaîtront ; tout doit se rapprocher ;
On dînera tranquillement en France,
En Chine sûr d'arriver pour coucher.
On passera sur les deux hémisphères,
Comme on va de Paris à Longchamps.
C'est, etc.

L'orthopédie et l'homœapathie
Détrôneront la vieille faculté
Et bien mieux qu'elle assureront la vie
Que nous devra notre prostérité.
Exemps de maux, de soucis, de misères,
Si non toujours, nos fils vivront longtemps :
C'est, etc.

Rendu parfait, le daguerreotype
A ses tableaux donnera la couleur,
Et non moins bon divinateur qu'OEdipe,
On peut prédire une ère de grandeur.
Il est encor tant d'importants mystères
Que dans sa marche éclaircira le temps :
C'est, etc.

Mais quand viendront ces brillantes conquêtes
Qui donneront au monde un autre essor,
La neige, hélas! aura blanchi nos têtes
Et décrépits comme le vieux Nestor,
Pauvres mortels, nous clorons les paupières
Pour aller où ? qu'en dites-vous savants,
Ne laissons pas dire à nos fils, nos pères
Ont de cent ans trop tôt fait leurs enfants.

ELLE EST LA !

(Mélodie.)

Paroles et musique d'Halbert (d'Angers)

Ton asile est sous l'herbe,
Lellie, oh ! mon enfant,

Toi dont la vie acerbe
Fut un songe étouffant;
Dors en ton blanc suaire
Modeste cinéraire,
Du sommeil funéraire,
Non, rien n'est triomphant.

Toi que je vis si belle,
Belle comme un beau jour,
Ange que Dieu rappelle
Au céleste séjour;
Espérance éphémère
Du bonheur de ta mère
Tu passas sur la terre
Comme un rêve d'amour.

Je souriais, Lellie :
A tes jeux innocents,
Et la parque en furie
A glacé ton printemps;
Sur ta froide poussière,
Désertant ma paupière
Tombe une larme amère ,
Peut-être tu l'entends.

Pauvre enfant dans ta bière,
Tu dois avoir bien froid.
Sous cette lourde pierre,
Où l'espace est étroit,
Hélas ! pour toi dans l'ombre,
Je prie à la nuit sombre

Quand glisse la pénombre
Sur le gazon qui croît,

La mort jette en silence
Le rideau du passé
Sur l'ange d'innocence
Qui sans tache a passé
Comme une blanche voile
A l'horizon se voile
Guidé par son étoile
Ton pas est effacé.

LE VIN.

Ronde.

Air : *De la contre-danse de la Pie voleuse.*

C'est le vin, le vin, le vin
Qui rend la table
Agréable,
De Bacchus le jus divin
Est l'ame du festin.
Amis, nargue de la fontaine
Qu'on invoque au double coteau
Je lui préfère l'Hippocrène
Qui coule au fond de mon caveau.
Chanter ce qui m'enchante
Est le vœu de mon cœur.

Boire ce que je chante
Est pour moi le bonheur.
C'est le vin, etc.

Le vin convient à tous les âges;
On en boit en toutes saisons;
Il plaît aux fous, il plaît aux sages,
Il plaît aux braves, aux poltrons;
   Policés ou sauvages,
    A la rouge liqueur
   Tous offrent leurs hommages,
    Et répètent en cœur:
C'est le vin, etc.

   Quand au soleil la nuit fait place,
Le fanatique musulman
Jeûne, et n'ose vider la tasse,
Trop fidèle à son Ramadan;
   Mais lorsque tout sommeille
    Au terrestre séjour,
   Caressant sa bouteille,
    Il chante jusqu'au jour:
C'est le vin, etc.

De la pierre philosophale
La découverte faite enfin,
Jamais pourrait-elle être égale
A la découverte du vin?

Qui procure l'ivresse,
Mère des chants joyeux?
Qui sait rendre sans cesse
Tous les hommes heureux?
C'est le vin, etc.

De ce festin , où tout abonde,
Que ne puis-je, à ma volonté,
Chers amis, donner à ma ronde
Et l'enjoûment et la bonté!
    Mais de ce badinage
    Le succès est certain;
    Chacun de vous, je gage,
    Goûtera mon refrain:

C'est le vin, le vin, le vin
    Qui rend la table
    Agréable;
De Bacchus le jus divin
    Est l'âme d'un festin.

L'HOMME ACCOMMODANT.

Air: Chantez, dansez, amusez-vous

Faut-il boire, faut-il aimer,
A tout de bon cœur je me livre:

Je me laisse aisément charmer,
Tout vin, toute beauté m'énivre.
L'homme difficile est un sot;
Trouver tout bon, c'est le bon lot.

Le Champagne est mon favori,
Sa mousse me plait dans mon verre;
Mais au défaut du Silleri,
Je bois volontiers du Tonnerre.
L'homme difficile, etc.

Voulez-vous boire à petits coups?
Eh bien, soyons long-temps à table;
Boire à grands coups vous semble doux,
Versez-m'en dix, et je les sable;
L'homme difficile, etc.

J'ai la même facilité
Dans tous les plaisirs de la vie:
Je prends ce qui m'est présenté;
C'est Chloé, si ce n'est Silvie.
L'homme difficile, etc.

Veut-on jouer? nommez le jeu,
Tric trac, échecs, piquet, quadrille?
Le choix m'en importe fort peu;
L'on me ferait jouer aux quilles
L'homme difficile, etc.

Voulez-vous raillier, disputer?
Vous pouvez choisir la matière;
Dieux et rois sont à respecter;
Liberté sur le reste entière.
L'homme difficile, etc.

J'ai peu de bien, j'en suis content;
A moins je prendrais patience:
S'il m'en venait trois fois autant,
Je me ferais à l'abondance.
L'homme difficile, etc.

Dans un seul cas il est permis
De se rendre plus difficile;
C'est dans le choix de ses amis;
Mais ce choix fait soyez facile:
L'homme difficile est un sot,
Trouver tout bon, c'est le bon lot.

PLUS ON EST DE FOUS

PLUS ON RIT :

Des frélons bravant la piqûre,
Que j'aime à voir, dans ce séjour,
Le joyeux troupeau d'Epicure

Se recruter de jour en jour;
Francs buveurs, que Bacchus attire,
Dans ces retraites qu'il chérit,
Avec nous venez boire et rire.
Plus on est de fous, plus on rit.

Ma regle est plus douce et plus prompte
Que les calculs de nos savans;
C'est le verre en main que je compte
Mes vrais amis les bons vivans:
Plus je bois, plus le nombre augmente;
Et quad ma coupe se tarit,
Au lieu de quinze j'en bois trente:
Plus on est de fous, plus on rit.
   Francs buveurs, etc.

Si j'avais une salle pleine
Des vins choisis que nous sablons,
Et grande au moins comme la plaine
De Saint-Denis ou des sablons,
Mon pinceau trempé dans la lie,
Sur tous les murs aurait écrit:
Entrez, enfans de la folie:
Plus on est de fous, plus on rit.
   Francs buveurs, etc.

Entrez, soutiens de la sagesse,
Apôtres de l'humanité;

Entrez, amis de la richesse,
Entrez, amans de la beauté:
Entrez, fillettes dégourdies,
Vieilles qui visez à l'esprit;
Entrez, auteurs de tragédies:
Plus on est de fous, plus on rit.
    Francs buveurs, etc.

Puisqu'enfin la vie à des bornes,
Aux enfers un jour nous irons,
Et, malgré le diable et ses cornes,
Aux enfers un jour nous rirons.
L'heureux espoir, que vous en semble?
Or voici ce qui le nourrit:
Nous serons là-bas tous ensemble:
Plus on est de fous, plus on rit.
    Francs buveurs, etc.

A L'ORPHELINE.

Air : Hirondelle gentille.

Jeune et timide Laure,
Quand le ciel se colore
De mille feux,
Tu vas à la chapelle,
Où la cloche t'appelle,
Faire tes vœux.

Sur la dalle de pierre,
Tu fais une prière
Pleine de foi ;
Et Dieu qui te regarde
Met son bon ange en garde
Autour de toi.

Ton parfum d'innocence
Se répand en silence
Mystérieux,
Puis monte vers la voûte
Et va chercher la route
Qui mène aux cieux.

Dans la sainte demeure,
Lorsque vient sonner l'heure
Du couvre-feu.

O craintive étrangère,
Tu t'échappes, légère,
Du seuil de Dieu.

L'aveugle qui demande
A tout chrétien l'offrande
D'un peu de pain,
Sourit à ta parole,
Car il sait que l'obole
Est dans ta main.

Et le vieux solitaire
Récite son rosaire
Pour tes amours;
De la paix de ton ame
Il charge Notre-Dame.
De bon secours

Puis d'un crêpe voilée,
Au pied d'un mausolée
De marbre noir,
A ce nouveau calvaire
Lorsque la lune éclaire
Tu vas t'asseoir.

Ta prière s'élève
Douce comme le rêve
D'un jeune enfant;
Et quand le saule penche
On voit ta robe blanche
Flotter au vent.

De ta mère adorée
Quand l'ombre révérée
T'entend gémir,
De son linceul de toile
Elle écarte le voile
Pour te bénir.

Oh ! reste toujours pure
Comme l'eau qui murmure
Entre les fleurs,
Et quoique abandonnée,
Tu verras la journée
Finir sans pleurs.

Halbert (d'Angers).

LA GOGUETTE.

(MOT DONNÉ.)

Air : Du vaudeville de **Jean Monet.**

Amis chantons la goguette
Cette aimable déité,
Qui naquit à la guinguette,
Dans le sein de la gaité
    Les écarts
    Des hasards.
Pour elle sont peu de chose
Car l'amitié la compose
Unie avec les beaux arts.   (ter.)
Aux grands qui règnent sur terre,

Aux gens du rang le plus bas,
La goguette est étrangère,
Ils ne la connaissent pas.
    Sots loisirs,
    Vils désirs,
Quittez vos sales orgies,
Et venez voir aux bougies
La goguette et ses plaisirs.   (ter.)

Les doux accents de la lyre
De Thalie et d'Erato,
Enflamment d'un saint délire
Archet, équerre et pinceau.
    Leurs transports,
    Leurs accords
Font naître pour la goguette

Mille traits qu'elle répète
En vidant ses rouges bords.　　　(ter.)

L'histoire qu'on y raconte,
Pleine de sel, de gaîté,
Fait place à quelqu'heureux conte,
Par la malice inventé
　　　Les canons,
　　　Des chansons
Et la romance touchante
Tour-à-tour chacun enchante
L'instant dont nous jouissons.　　　(ter.)

Toi que souvent on insulte,
Dans maint réduit ignoré,
Tu sais, Amour, si ton culte
En goguette est révéré!
　　　Quand Bachus,
　　　Quand Momus
Font entendre leurs antiennes,
Tu viens y mêler les tiennes,
Et nous couronnons Vénus.　　　(ter.)

Les dieux étaient en goguette
Lorsqu'Hébé, l'aiguière en main,
Dans leur céleste retraite
Versait le nectar divin.
　　　Apollon.
　　　Cupidon
Enchantaient la troupe entière,
Et le maître du tonnerre
Ces jours-là fêtait Junon.　　　(ter.)

Nous qu'un même goût rassemble,
Enfants des muses, des arts,
Bravons, s'il se peut, ensemble
Du temps les fâcheux regards
    Nous charmer
    Nous aimer

C'est l'esprit de la goguette;
Le vieux Saturne nous guette;

Rions,
Chantons, } pour le désarmer.
Buvons

(Halbert d'Angers.)

NOS VIEUX FLONFLONS.

Air : *Flon, flon, flon, larira dondaine.*

De Momus, de Cancale.
Les refrains sont au mieux ;
Oui, mais à fond de cale,
Ils n'ont pas mis nos vieux
Flon, flon, flon, larira dondaine,
    Gai, gai, gai
    Larira dondé.

Toutes leurs épigrammes,
Tous leurs refrains banaux,
Je m'en rapporte aux dames,
Leur plaisent moins que nos
    Flon, flon, etc.

Leurs finales nouvelles
Et leurs jolis couplets,
Ont beau charmer ces belles,
Elles préfèrent les
    Flon, flon, etc.

Pour tirer sa maîtresse
Du séjour de Pluton,
Orphée, avec adresse,

Tu n'employas que tou,
    Flon, flon, etc.

Voulant de leurs rapines
Adoucir les malheurs,
Les Romains aux Sabines
Ont su faire aimer leurs
    Flon, flon, etc.

Auprès de Cléopâtre,
Antoine eut du succès;
Elle était idolâtre
De ses yeux et de ses
    Flon, flon, etc.

Chantant dans son église
De bien tristes motets,
Ah! disait Heloïse,
Abeilard, où sont tes
Flon, flon, flon, larira dondaine,
    Gai, gai, gai
    Larira dondé.

LE RÉVEIL D'UNE MÈRE POLONAISE.

Air : *Ma peine a devancé l'aurore.*

Des pleurs qui baignaient ma paupière
La source va donc se fermer !
Mes fils, devançons la lumière,
Le bronze est prêt à s'enflammer.
Les dangers ont pour moi des charmes,
Notre destin va s'accomplir ;
Mon cœur se plaît au bruit des armes :
Mes fils, il faut vaincre ou mourir.

Dans les rigueurs de l'esclavage,
En souriant à vos berceaux,
Je vous nourris avec courage
Du lait qui forme les héros ;
Des Jagellons l'antique armure,
Sur leur tombe vient de frémir ;
Leur cendre s'agite et murmure :
Mes fils, il faut vaincre ou mourir.

Lorsque la nuit nous environne,
Perçant la voûte du tombeau,
Ces rois dépouillés de couronne
De leur linceul font un drapeau.
A leur prunelle étincelante
Ses vieux soldats viennent s'offrir ;

Aux armes ! dit leur voix tonnante ;
Enfans, il faut vaincre ou mourir.

Aux aigles des fils de la France
Jadis s'alliaient nos drapeaux ;
Du Polonais la forte lance
Se mariait à leurs faisceaux.
Des nœuds que forma la victoire
Ils ont perdu le souvenir ;
A nous sera toute la gloire :
Sans eux sachons vaincre ou mourir.

L'amitié trahit sa promesse,
Allez d'un pas audacieux,
Et quand l'Europe vous délaisse,
Marchez à la face des cieux.
L'aigle blanc, désertant la terre
Au foudre vengeur va s'unir !
Son vol devance le tonnerre :
Mes fils, il faut vaincre ou mourir.

Partez, mes fils, le clairon sonne :
Partez, et du sein maternel
Élancez-vous à la couronne
Que vous réserve l'éternel.
Le myrte croît dans la prairie,
Nos vierges iront le cueillir ;
Au laurier leur main le marie.
Mes fils, il faut vaincre ou mourir.

CHANSON A BOIRE.

Air: *Le curé de Pompons.*

Buvons, disait Anacréon,
    Buvons, disait Horace;
Les Grecs, les Romains du bon ton,
    Les suivaient à la trace,
Mes amis, tant que nous boirons,
    Honorons leur mémoire,
    Fêtons dans ces lurons
      Les patrons
    De la chanson à boire.

Buvons! disait ce Basselin,
    Père du Vaudeville;
Son couplet bachique ou malin,
    Bientôt courut la ville;
Laissant chanter au Troubadour
    Et l'amour et la gloire,
    Le plaisir, à son tour,
      Mit au jour
    Mille chansons à boire.

Buvons! s'écriait, à Nevers,
    Ce menuisier que j'aime;

En buvant, il faisait ses vers;
Il les chantait de même.
A ses coffres bien ou mal faits
Il ne doit pas sa gloire:
Il doit, chez les Français,
    Ses succès
A ses chansons à boire.

Buvons! buvons! disait Allé,
Et Gallet, son confrère,
Et Piron toujours accolé
Aux vrais amis du verre;
A leurs bons mots chacun sourit;
Or, la chose est notoire,
Messieurs, ce qui nourrit
    Leur esprit,
C'est la chanson à boire.

Buvons! disait le bon Panard,
En sablant le Champagne,
Entre le gracieux Favart
Et sa vive compagne!
Bon Panard, on doit, au dessert,
Entonner pour ta gloire,
A chaque vin qu'on sert,
    Un concert
De tes chansons à boire.

Morgué, buvons! disait Vadé
   Aux gens de la Courtille,
Et plus d'un broc était vidé
   Par plus d'un joyeux drille
De la fatigue et du chagrin
   Garde-t-on la mémoire,
   Au bruit du tambourin,
     Du crin crin,.
  Et des chansons à boire?

Buvons! ce mot, ce joli mot
   Finit bien des querelles;
Par ce mot, certain dieu marmot
   Soumet bien des rebelles:
Et quand Nicole fait du train,
   Son tendre époux Grégoire
   Prend, pour lui mettre un frein,
     Le refrain
  D'une chanson à boire.

Buvons! buvons! dit en latin,
   Un chanoine en goguettes,
Sitôt qu'il voit le sacristain
   Apporter les burettes;
Potemus! se chante au lutrin
   Ainsi qu'au réfectoire,
   Rien n'est donc plus divin
     Que le vin,
  Et les chansons à boire.

Dans un caveau qu'on m'a vanté,
   Les auteurs, vos modèles,
A la bouteille, à la gaîté,
   Furent toujours fidèles.
Pour vous réchauffer le cerveau,
   Pour bannir l'humeur noire
   Essayons de nouveau
      Du caveau,
   Et des chansons à boire.

LE PAYSAN ET SON SEIGNEUR.

Air: *Femmes, voulez-vous eprouver*

Thomas, j'ai quitté mon château
Pour voir ton heureuse famille.
Pour moi quel spectacle nouveau!
Partout ici la gaîté brille.
— L'bonneur d'la médiocrité
Vous cause une surprise extrème;
Mais si chez nous est la gaîté,
C'est que je l'y porte moi-même.

Thomas, en voyant ton jardin
Couvert de fleurs et de verdure,
Je crois voir un souffle divin

Animer la belle nature;
Lorsque je le compare au mien,
Rapportant moins que l'on n'y sème.
— Monseigneur quand on a du bien
Il faut le cultiver soi-même.

La grace et l'amabilité
Embellissent cette bergère.
— Monseigneur, sa vivacité
Vous dit que c'est ma ménagère.
— De son teint le vif incarnat,
Du lis, de la rose est l'emblême.
— Monseigneur, s'il a tant d'éclat,
C'est que je l'embrasse moi-même.

Quels sont donc ces marmots joyeux,
Jouant sur la verte prairie?
— Ce sont des enfans que les cieux
M'ont donnés pour charmer ma vie.
— Des roturiers si bien portans,
Quand mon fils noble est maigre et blême!
— Dam! pour avoir de beaux enfans,
Monseigneur, on les fait soi-même.

LE PORTRAIT DE MON AMIE,

Air *connu*.

Portrait charmant, portrait de mon amie,
Gage d'amour par l'amour obtenu;
Ah! viens m'offrir le bien que j'ai perdu,
Te voir encor me rappeler à la vie.

Oui les voilà, ces traits, ces traits que j'aime,
Son doux regard, son maintien, sa candeur;
Lorsque ma main te presse sur mon cœur,
Je crois encore y presser elle même.

Non, tu n'as pas pour moi les mêmes charmes,
Muet témoin de mes tendres soupirs;
En retraçant nos fugitifs plaisirs,
Cruel portrait, tu fais couler mes larmes.

Pardonne-moi mon injuste langage,
Pardonne aux cris de ma vive douleur,
Portrait charmant, tu n'es pas le bonheur,
Mais bien souvent tu m'en offres l'image.

SOUVENIRS D'UN VIEUX MILITAIRE.

Air *connu.*

T'en souviens-tu, disait un capitaine
Au vétéran qui mandiait son pain;
Te souviens-tu qu'autrefois dans la plaine
Tu détournas un sabre de mon sein?
Sous les drapeaux d'une mère chérie
Tous deux jadis nous avons combattu:
Je m'en souviens, car je te dois la vie;
Mais toi, soldat, dis-moi, t'en souviens-tu?

T'en souviens-tu de ces jours trop rapides
Où le Français acquit tant de renom;
Te souviens-tu que sur les pyramides
Chacun de nous osa graver son nom?
Malgré les vents, malgré la terre et l'onde,
On vit flotter, après l'avoir vaincu,
Nos étendarts sur le berceau du monde:
Dis-moi, soldat, dis-moi, t'en souviens-tu?

Te souviens-tu que les preux d'Italie
Ont vainement combattu contre nous;
Te souviens-tu que les preux d'Ibérie
Devant nos chefs ont plié les genoux.

Te souviens-tu qu'aux champs de l'Allemagne,
Nos bataillons arrivant inprompta,
En quatre jours ont fait une campagne:
Dis—moi, soldat, dis-moi, t'en souviens-tu.

Te souviens-tu de ces plaines glacées
Où le Français abordant en vainqueur,
Vit sur son front les neiges amassées
Glacer son corps sans refroidir son cœur?
Souvent alors, au milieu des alarmes,
Nos pleurs coulaient: mais notre œil abattu
Brillait encor l'orsqu'on volait aux armes:
Dis-moi, soldat, dis-moi, t'en souviens-tu?

Te souviens-tu qu'un jour notre patrie,
Vivante encor, descendit au cercueil,
Et que l'on vit dans la France flétrie
Des étrangers marcher avec orgueil?
Grave en ton cœur ce jour pour le maudire,
Et quand Bellone enfin aura paru,
Qu'un chef jamais n'ait besoin de te dire:
Dis-moi, soldat, dis-moi, t'en souviens-tu?

T'en souviens-tu? ... mais ici ma voix tremble,
Car je n'ai plus de noble souvenir;
Viens-t'en, mon vieux, nous pleurerons ensemble,
En attendant un meilleur avenir.
Mais si la mort, planant sur ma chaumière,

Me rappelait au repos qui m'est dû,
Tu fermeras doucement ma paupière,
En me disant: Soldat, t'en souviens-tu?

EXCUSEZ SI JE VOUS DÉRANGE.

Air: *Par les arbres que nous plantons.*

Je me pique d'être poli,
Et mon exemple est bon à suivre;
Non rien, selon moi, n'est joli,
Messieurs, comme de savoir vivre:
Or, un refrain aimable et doux
Doit ici m'aller comme un ange;
Et je viens chanter avec vous,
Excusez si je vous dérange.

La toilette nuit aux amours:
Est-il un amant qui le nie?
Moi, je déteste les atours
Quand je suis chez mon Eugénie.
Vous me dérobez mille attraits,
Schall épais, sévère fontange:
Pour les admirer de plus près
Excusez si je vous dérange.

Quel est le sot ou l'ignorant
Qui met dans ma bibliothèque
Un Pradon sur le premier rang,
Dans un coin Racine et Sénèque;
Envers eux je sens trop combien,
Cher Pradon, l'erreur est étrange;
Pour leur honneur et pour le mien,
Excusez si je vous dérange.

Avec un accent douloureux
Si nous répétons dès l'aurore,
Quoi! la vigne, malgré nos vœux,
Hélas! ne bouge pas encore!
Dans quelle ivresse nous nageons,
Aux approches de la vendange,
Quand la nuit a dit aux bourgeons,
Excusez si je vous dérange.

Comme moi ne trouvez-vous pas
Dame Atropos bien malhonnête?
Lorsqu'il nous faut sauter le pas,
Aucune raison ne l'arrête!
La traîtresse, au fatal moment,
Soit que l'on boive ou que l'on mange,
Ne vous dirait pas seulement:
Excusez si je vous dérange.

HISTOIRE DE MONSIEUR RÉJOUI,

Ou on n'est pas plus heureux qu'ça

Air: *Dans la paix et l'innocence.*

D'puis trente ans ma destinée
Est exempte d'embarras,
Je n'fais rien d'la matinée,
L'rest' du temps je m'crois' les bras;
J'n'eus jamais d'amour constant,
Mon étoil' m'en dispensa;
J'ris, j'bois, j'dors, je mange et j'chante:
On n'est pas plus heureux qu'ça.

Suivant la commune règle,
Lorsqu'on m'mit dans un' pension,
J'pris tout d'suite, en franc espiègle,
Les versions en aversion;
Et je sus si bien m'conduire,
Qu'mon professeur me chassa
Avent que j'apprisse à lire:
On n'est pas plus heureux qu'ça.

Charge de mon héritage,
Un oncle fort obligeant,
Ayant calculé mon âge,

Partit avec mon argent;
Mais j'fus loin de l'prendre en haine,
Car enfin il me laissa
De quoi vivre... une semaine!
On n'est pas plus heureux qu'ça.

J'tombe amoureux d'un'jeunesse,
Soudain l'mariag' sensuit,
Et de ma vive tendresse
J'brulais d'obtenir un fruit;
Mais bientôt d'ma ménagère
L'embonpoint se prononça...
En moins de six mois j'fus père...
On n'est pas plus heureux qu'ça

Un incendie effroyable
Chez moi vint à s'déclarer,
Mais un voisin secourable
M'aida pour m'en retirer;
Par la porte d'mon allée
Tout mon mobilier passa,
Et j'n'eus qu'ma femme de brulée...
On n'est pas plus heureux qu'ça.

Du haut en bas d'une cave
Que je visitais souvent,
J'fis un jour un'chut' si grave,
Qu'on m'crut mort dans l'même instant;

Mais moi, qui suis très-ingambe,
J'vis bien, lorsqu'on m'ramassa,
Qu'je n'm'étais cassé qu'un' jambe....
On n'est pas plus heureux qu'ça

Un tendre ami d'mon enfance,
M'fit conduire à l'hopital;
Là j'croyais en conscience,
N'voir jamais finir mon mal;
Mais un docteur de mérite,
Qu'un de mes n'veux m'adressa,
M'expédia tout de suite...
On n'est pas plus heureux qu'ça.

L'AMOUR DE LA PATRIE.

Air *du Siege de Lille.*

L'amour dans le cœur d'un Français,
L'amour est un bonheur suprême;
Tous les instants sont pleins d'attraits
Auprès de la beauté qu'il aime;
Mais au premier son du tambour
    Il sacrifie
    A sa patrie
Son bien, sa vie et son amour.

A s'acquitter de son devoir
Un bon Français trouve des charmes;
De son amente au désespoir
Lui-même il essuie les larmes,
Mais au premier, etc.

Tout homme sage, avec regret
S'arme pour frapper et détruire;
Toujours actif et toujours prêt,
Des maux de la guerre il soupire,
Mais au premier, etc.

Qui sait délivrer son pays
Est vu comme un dieu sur la terre,
A l'objet dont-il est épris
Le Français est jaloux de plaire;
Mais au premier, etc.

J'aime qu'on désire la paix;
Aux humains elle est nécessaire
J'aime qu'au déclin d'un jour frais
L'on s'amuse sur la fougère;
Mais je veux qu'au son du tambour
    On sacrifie
    A sa patrie
Son bien, sa vie et son amour.

JOUISSONS DU TEMS PRÉSENT.

RONDE DE TABLE.

Nous n'avons qu'un tems à vivre,
Amis, passons-le gaiment:
De tout ce qui peut le suivre
N'ayons jamais aucun tourment.

A quoi sert d'apprendre l'histoire?
N'est-ce pas la même partout?
Apprenons seulement à boire;
Quand on sait bien boire, on sait bien tout.
        Nous n'avons, etc.

Qu'un tel soit général d'armée,
Que l'Anglais succombe sous lui;
Moi, qui suis sans renommée,
Je ne veux vaincre que l'ennui.
        Nous n'avons, etc.

A courir sur terre et sur l'onde,
On perd trop de tems en chemin;
Faisons plutôt tourner le monde
Par l'effet de ce jus divin.
        Nous n'avons, etc.

Qu'un savant à chercher les planètes
Occupe son plus beau loisir;
Je n'ai pas besoin de lunettes
Pour apercevoir le plaisir.
    Nous n'avons, etc.

Qu'un avide chimiste exhale
Sa fortune en cherchant de l'or,
J'ai ma pierre philosophale
Dans un cœur qui fait mon trésor.
    Nous n'avons, etc.

Au grec, à l'hébreu je renonce;
Ma maîtresse entend le français;
Sitôt qu'à boire je prononce,
Elle me verse du vin frais.
    Nous n'avons, etc.

CHANSON BACHIQUE.

Air: *Aussitot que la lumiere.*

Aimable dieu de la treille,
Viens animer nos propos;
Que ton jus qui nous éveille
À me partir les bons mots

Célébrons avec ivresse
Ce dieu qui nous a soumis:
Buvons et chantons sans cesse
La bouteille et nos amis.

Chacun son goût, sa manie;
La nôtre est d'aimer le vin,
De passer gaîment la vie,
Buvant ce nectar divin.
Déjà mes yeux qui se troublent
Rendent joyeux mes esprits;
Car à la fois ils me doublent
La bouteille et mes amis.

Chanter et faire bombance,
Tel est notre unique emploi:
Que chacun avec constance
Suive cette aimable loi.
Loin de ces lieux la tristesse,
Les chagrins et les soucis!
Mais conservons-y sans cesse
La bouteille et nos amis.

Je voudrais passer ma vie
Entre Bacchus et l'Amour;
La nuit près de mon amie,
Et près du tonneau le jour.
Mon sort est digne d'envie

Quand près de moi l'on a mis
Grand verre, femme jolie,
La bouteille et mes amis.

RONDE .

Air de *Camille.*

Notre meunier, chargé d'argent,
S'en allait au village,
V'la tout à coup, v'la qu'il entend
Un grand bruit dans le feuillage;
Ouf! ouf!
Notre meunier a ben du cœur,
On dit pourtant qu'il eut grand peu .
Amis, si vous voulez m'en croire
N'allez pas dans la forêt noire.

L'autre jour la jeune Isabeau
S'y promenait seulette;
Elle revint sans son anneau;
Et sans sa collerette;
Hum! hum!
Notre Isabeau n'manque pas d'cœur;
Mais que faire contre un voleur?
Amis si vous voulez m'en croire

N'allez pas à la forêt noire.

Hier au soir dans un ch'min creux,
   Tout seul je m'achemine,
J'entends comme un cri douloureux
D'queuq'zun qu'on assassine...
         Ah ! ah !
J'vois paraît' l'omb' d' feu not' pasteur
Qui m' crie d'une voix à faire peur :
Amis, si vous voulez m'en croire,
N'allez pas dans la forêt noire.

MADAME VEUVE MARTIN,

FEMME MATHIEU.

Air : *Mon oncle Mathieu d' la Villette.*

Avec Martin j'étais joyeuse
Dam' ct'homme là c'était un bon fieu ;
Mais d'puis qu' j'ai pris c' coquin d'Mathieu,
Mon Dieu qu' j' suis donc malheureuse !
      Ah ! s'il vivait Martin,
      J' n'aurais pas tant d' chagrin.

Il a des manières si touchantes

Affin de se faire écouter,
Que d'chagrin quand, j'voudrais pleurer
Monsieur l'a dit il faut qu'je chante.
    Ah? s'il vivait, etc.

Chaque nuit c'est une nouvelle disgrace,
Souvent après m'avoir battue
Monsieur a l'esprit si pointu
Qu'à sa façon il faut qu'j'me place.
    Ah? s'il vivait, etc.

Il change de boutique toute les semaines,
L'samedi quand j'lui d'mande son argent,
Il me marmotte entre ses dents
Qu'il n'est payé qu'à la quinzaine.
    Ah? s'il vivait, etc.

Souvent, de le dire j'en ai honte;
Moi qu'agit toujours sans détours
Y m'apporte cent sous en quinze jours,
Il éxige que je lui rende compte.
    Ah? s'il vivait, etc.

Quand il revient de ses bamboches
Dans la nuit il est altéré,
Pour boire y fait semblant d'slever
-'m'prend tout c'que j'ai dans mes poches.
    Ah? s'il vivait, etc.

L'endmain pour qui n' soit pas maussade
Quand il a comme ça ribotté,
J'lui fais une bonne tasse de caffè:
y'me dit qu'il lui faut d'la salade.
      Ah? s'il vivait, etc.

Martin c'était bien autre chose,
Jamais j'ne voulais l'écouter
J'navais du mal qu'pour accoucher,
Encor n'en était-il pas cause.
      Ah? s'il vivait, etc.

LES AMOURS DE PARIS .

Ou les trois jours.

Air *du mariage de Figaro*

Aujourd'hui l'Amour commode
Ne nous donne que des fleurs;
On a banni la méthode
Des vains soupirs et des pleurs.
A Paris, telle est la mode, (bis.)
Trois jours durent nos amours,
Ils finissent en trois jours.

Au répos d'un bon ménage
Ce système doit pourvoir;
Le mari le plus sauvage
N'a plus le temps de rien voir;
Comment surprendre, au passage,
D'aussi rapides amours
Qui s'envolent en trois jours

Cet usage salutaire
Ne doit pas vous engager,
Par le désir de trop plaire,
Au plaisir de trop changer.
Soyez soumis et sincéres,
Et, constants dans vos amours,
Ne quittez qu'après trois jours

Ce nombre est trop nécessaire:
Le premier c'est pour l'aveu,
Le second, c'es un mystère,
Le troisième est pour l'adieu.
Aimer, vaincre et se déplaire,
C'est l'histoire des amours;
Elle finit en trois jours.

N'allez pas, censeur austère,
Me juger par ce discours;
Mon humeur n'est pas légère,
J'aime et j'aimerai toujours.

Or, voici tout le mystère :
Sachez que, dans mes amours,
Trois siècles ce sont trois jours

VOYAGE DE LA FOLIE.

Air : *A voyager passant sa vie.*

Pour chasser la mélancolie,
Suivant l'exemple de l'amour,
Un beau jour, dit-on, la Folie
Voulut voyager à son tour.
Empruntant de Momus son frère
Et la marotte et les grelots,
La voilà qui parcourt la terre
Sans prendre le moindre repos.

De l'Inde ignorant la coutume,
Elle y fait descendre son char,
Au moment où le feu consume
Une veuve du Malabar.
« Ah ! dit-elle, toute saisie,
« Fuyons ces climats, car je voi
« Que bien des femmes de l'Asie,
Sont encor plus folles que moi.

Du Bosphore gagnant les rives
Elle vole vers l'Ottoman,
« y voit mille beautés captives
» Trembler à l'aspect d'un sultan.
» O femmes ! qu'elle fantaisie:
» Vous qui partout faites la loi,
» Vous la recevez en Turquie:
» Vous êtes plus folles que moi. »

Se remettant vite en campagne
En fendant l'air comme le vent,
La Folie aborde en Espagne
Et pénètre dans un couvent:
Elle y découvre cent novices
Qui promettaient au ciel leur foi:
« Pauvres petites! quels caprices!
» Vous êtes plus folles que moi. »

Elle part... la France l'attire,
Mais, hélas! surcroit de revers,
Elle trouve dans cet empire
Toutes les têtes à l'envers.
La mode, frivole et jolie,
y tenait le premier emploi.
« Ces Françaises, dit la Folie,
» Sont cent fois plus folles que moi. »

Elle visite dans sa course

Rome, Vienne, Londres, Paris;
N'y trouvant aucune ressource
Elle retourne à son pays:
« J'ai cru, dit-elle, dans ma ronde,
» Donner des leçons, mais, ma foi,
» J'ai rencontré par tout le monde
» Des folles plus folles que moi.

QUE CHACUN EN FASSE AUTANT.

Air du vaudeville du Mameluk.

Qu'on me blâme ou qu'on me fronde,
Mon sort est digne d'un roi;
Il n'est de bonheur au monde
Que pour les gens tels que moi:
Oui, ma vie est exemplaire,
Pour être toujours content
Je la passe à ne rien faire;
Que chacun en fasse autant. (ter.)

Je chante, je ris, je danse:
Je bois, je mange, où je dors.
Mon lit, ma table et ma panse,
Sont mes uniques trésors
Je verrai finir ma vie

Sans avoir un sou comptant.
Pour ne pas craindre l'envie
Que chacun en fasse autant.

Je ne fais antichambre
Chez les critiques du jour,
Chez les sots parfumés d'ambre,
Ni chez les grands de la cour :
Pour rendre le fat moins leste,
Le censeur moins important,
Le parvenu plus modeste,
Que chacun en fasse autant.

On dit que l'humeur légère
De nos tendrons de Paris
Guérit du désir de plaire,
Et fait danser les maris ;
Pour savoir s'il est des dames
Dignes d'un amour constant,
J'en conte à toutes les femmes ;
Que chacun en fasse autant.

Trente créanciers barbares
M'assiégent matin et soir ;
Sur quatre oncles très-avares
Je fonde tout mon espoir :
Voyant ma douleur profonde,
L'autre jour le mieux portant

S'embarqua pour l'autre monde;
Que chacun en fasse autant.

Les procès et les batailles
Sont la perte des états;
Amis, ce n'est qu'aux futailles
Qu'il faut livrer des combats,
Je ne bats qu'à coups de verre:
Je ne plaide qu'en chantant:
Pour le bonheur de la terre,
Que chacun en fasse autant.

Dans plus d'une compagnie
J'entends plus d'une chanson
Sans esprit et sans folie,
Et sans rime et sans raison:
Quoique ennuyé de l'antienne,
J'applaudis en l'écoutant:
Quand on chantera la mienne
Que chacun en fasse autant.

CHANSON ÉVANGÉLIQUE.

Air: *comme on fait son lit on se coucne.*

Mes amis, souvenez-vous-en,

On cause, nous dit la morale,
Du mal en se scandalisant ,
Autant qu'en causant le scandale,
Soyons indugent pour autrui,
Et disons d'une voix sincère :
Que celui qui n'a pas failli
Lui jette la première pierre.

Vénus a pris dans ses filets
La jeune et naïve Isabelle ;
Le plaisir trahit ses secrets,
Et la nature les revèle.
L'Amour, sous son giron caché,
S'apprête à voir la lumière...
Belles qui n'avez pas péché,
Jetez-lui la première pierre.

Regardez cet épicurien,
Au long gosier, à rouge trogne,
Comme il avale en moins de rien
Bordeaux et Champagne et Bourgogne.
Sous leur poids ayant succombé,
Il va gaîment rouler par terre...
Buveurs qui n'êtes pas tombé,
Jetez-lui la première pierre.

Damis, d'un chef-d'œuvre nouveau
Vient, dit-on, d'enrichir la scène,

Et loin de lui crier bravo,
Contre lui chacun se démène.
On prétend qu'il a grapillé
Dancourt, Regnard, Piron, Molière.
Auteurs qui n'avez pas pillé,
Jetez-lui la première pierre.

Florville, jaloux de briller,
Fait des sottises et des dettes;
Mais pour leurrer un créancier
Il a vingt ruses toutes prêtes,
Il les amuse tous les jours
Par une nouvelle chimère...
Débiteurs qui payez toujours,
Jetez-lui la première pierre.

Le mot que ma muse a choisi
Avec un esprit charitable,
A mille autres aurait fourni
Une chanson plus agréable;
Mais enfin voilà mes couplets.
O vous, qui dans cette carrière,
N'en fîtes jamais de mauvais
Jetez-moi la première pierre.

LA FILLE DE L'OUVRIER.

Air : *Du Suicide* (de Béranger).

Seule, oubliée en ma triste mansarde ,
Pour dot, hélas ! je n'ai que mes vingt ans ;
Mon âge avance, et le bonheur retarde ;
Ainsi parlait du peuple un des enfants.
Sa belle joue aux roses si vermeilles ,
Triste, se fane au cachet de l'ennui ;
D'un fol espoir se créant un appui ,
Elle a pâli dans les pleurs et les veilles.
Craignez, enfants, ce monde corrupteur ;
Sans la vertu, non, jamais de bonheur,   } bis.

Plus d'une fois, en voyant sa misère,
Le mariage épouvanté s'enfuit :
De pleurs alors inondant sa paupière ,
Un songe affreux la torturait la nuit.
Mais auprès d'elle une âme vaniteuse
Vint lui parler d'un amour sans hymen :
Le refusant, l'aurait-elle demain ?
Non ! dit son cœur. Ce non la rend heureuse.
Craignez, etc.

Plus par amour que par libertinage,
L'enfant croyant trouver le vrai bonheur,
Au gouffre amer s'aventure à la nage ,
Et, confiante, accorde une faveur.

L'illusion sur ces doux flots la porte;
Fleuve si beau, qui tarit vite, hélas!
Il faut l'embellir de pleurs et couler bas,
Car vers l'écueil plus d'une vague emporte.

Craignez, etc.

Abandonnant et le port et la plage,
Elle a quitté le chemin du devoir;
Son front pâli, sillonné par l'orage,
Dit qu'il n'est plus pour un peu d'espoir
Victime alors des coups de l'infortune,
Quand devant elle est l'horizon obscur,
Le riche dit : A moi l'avenir sûr,
Dès qu'elle a bu la coupe d'amertume.

Craignez, etc.

Pour te vêtir d'un lambeau de fortune,
Quoi! faible enfant tu vendis ta candeur?
Demain, peut-être à la fosse commune
S'ouvre pour toi le néant destructeur,
Puisque la mousse, en croissant sur la pierre,
De nos neveux peut nous faire ignorer,
L'honneur ne doit jamais dégénérer,
L'égalité préside au cimetière.

Craignez, etc.

Halbert (d'Angers)

LES DINERS SANS FEMMES.

AIR : *Avec la pipe de tabac.*

Ces biens, que le vulgaire prône,
Valent-ils un joyeux repos ?
Laissons aux rois l'ennui du trône,
Et la soif du sang aux héros.
Des biens plus doux charment nos ames
Puisque, dans ce jour soiennel,
Le sort nous réunit sans femmes
Autour d'un banquet fraternel.

Ici l'étiquette captive,
N'afflige pas le sentiment ;
Sur le front de chaque convive
On voit rayonner l'enjouement.
Nous fêtons le dieu de la tonne
En vrais amis, en vrais buveurs ;
Et le champagne qui bouillonne
Confond nos verres et nos cœurs.

Voulez-vous tuer nos saillies,
Nos bons mots, nos transports si doux,
Faites que dix femmes jolies
Prennent place au milieu de nous.

Vaincus soudain par leurs adresse,
Nos cœurs languiront attristés;
Car l'amour ôte à l'allégresse
Ce qu'il ajoute aux voluptés.

Avec art il faudra sourire,
Composer jusqu'à son maintien;
Ici tout penser sans rien dire,
Là dire tout sans penser rien.
Les vins, les mets, la bonne chère
Cesseront de nous réjouir;
Nous ne songerons plus qu'à plaire,
Et nous oublierons de jouir.

Encor si la gêne importune
Prévenait tout fâcheux transport;
Si chacun avec sa chacune
Formait un couple bien d'accord!
Mais, en public, la jalousie
Des amans trouble la raison;
Comus leur servait l'ambroisie,
Vénus leur verse le poison.

Réglons mieux notre destinée;
Prévenons des soucis affreux;
L'art de partager sa journée
Tient de près à l'art d'être heureux.
Amis, restons tels que nous sommes;
Nos sens peuvent-ils nous tromper?
Pour le dîner gardons les hommes,
Et les femmes pour le souper.

LE POLONAIS

Air : *T'en souviens-tu?*

Un vieux soldat appuyé sur sa lance,
Le front ridé par l'âge et les douleurs,
Vers l'horizon qui lui cache la France,
Jette un regard mouillé de sombres pleurs:
« J'ai mis, dit-il, ma part aux funérailles
» De vos héros tombés dans les combats.
» Français, mon fils est mort sur vos murailles!
» Je vous appelle et vous ne venez pas! (*bis*)

» Quand vous voliez à de nobles conquêtes,
» Je vous suivis chez vingt peuples divers;
» J'ai partagé vos triomphes, vos fêtes,
» J'ai, comme vous, pleuré sur vos revers
» De la Vistule aux rives de la Seine
» France et Pologne allaient du même pas!
» A notre tour, nous tombons sur l'arène
» Je vous appelle et vous ne venez pas!

» Nous combattons pour la liberté sainte:
» Avez-vous donc renié tous vos dieux?
» Fils des héros, connaissez-vous la crainte?
» Pliez-vous donc sous un legs glorieux?
» Songez-y bien, c'est un frère qui tombe

» C'est un ami qui vers vous tend les bras;
» N'aurez-vous donc que des chants pour sa tombe?
» Je vous appelle et vous ne venez pas. »

» Comme autrefois la Pologne fidèle,
» Pour vous, Français, saurait mourir encor,
» Pourtant, ingrats, qu'avez-vous fait pour elle?
» Gardez vos chants, vos larmes et votre or.
» Quand le destin brisant votre espérance
» Pesait vos droits et ceux des potentats,
» Elle a jeté son fer dans la balance!
» Je vous appelle et vous ne venez pas! »

Ainsi parlait ce vieux frère d'armes,
Quand tout à coup apparaît l'ennemi :
« Allons, dit-il, plus d'inutiles larmes,
» Viens, mon coursier, toi, mon fidèle ami;
» Marchons, dit-il, sous le feu qui devore!
Il part, s'élance!... et frappé, tombe, hélas!
Son œil mourant semblait nous dire encore
« Je vous appelle et vous ne venez pas! »

Hélas! qu'un jour le ciel dans sa colère,
Pour nous punir de lâches abandons,
Dans nos beaux champs n'amène pas la guerre,
Dont tant de rois agitent les brandons,
Comme un remords dont rien ne peut défendre,
Au bruit des fers qui chargeraient nos bras,
L'écho vengeur ferait encore entendre :
« Je vous appelle et vous ne venez pas! » (bis.)

D.... *propriétaire.*

LA MARSEILLAISE.

Air : *De la Marche des Marseillais.*

Allons, enfants de la patrie,
Le jour de gloire est arrivé :
Contre nous, de la tyrannie,
L'étendard sanglant est levé (bis).
Entendez-vous dans les campagnes,
Mugir ces féroces soldats ;
Ils viennent jusque dans vos bras
Égorger vos fils et vos compagnes.
Aux armes, citoyens ! formez vos bataillons,
Marchez, marchez. qu'un sang impur
Abreuve nos sillons.
Marchons, marchons ; qu'un sang impur
Abreuve nos sillons.

Que veut cette horde d'esclaves,
De traîtres de rois coujurés?
Pour qui ces ignobles entraves,
Ces fers dès long-temps préparés?...
Français,pour nous,ah!q'uel outrage,
Q'euls transports il doit exiter!
C'est nous qu'on ose méditer
De rendre à l'antique esclavage.

Aux armes,citoyens, etc.

Quoi! des cohortes étrangères
Feraient la loi dans nos foyers;
Quoi! ces phalanges mercenaires
Terrasseraient nos fiers guerriers.
Grand Dieu! par des mains enchaînées,
Nos fronts sous le joug se ploiraient,
De vils despotes deviendraient
Les maitres de nos destinées!

Aux armes, citoyens, etc.

Tremblez, tyrans et vos perfides,
L'opprobre de tous les partis.
Tremblez, vos projets parricides
Vont enfin recevoir leur prix.(bis)
Tout est soldat pour vous combattre!

S'ils tombent, nos jeunes héros,
La France en produit de nouveaux,
Contre vous tout prêts à se battre.

Aux armes, citoyens, etc.

Français et guerriers magnanimes,
Portez ou retenez vos coups;
Epargnez ces tristes victimes,
A regret s'armant contre nous.(bis)
Mais ces despotes sanguinaires,
Mais les complices de Bouillé,
Tous ces tigres qui, sans pitié,
Déchirent le sein de leur mère.

Aux armes, citoyens, etc.

Amour sacré de la patrie,
Conduis, soutiens nos bras vengeurs;
Liberté, liberté chérie,
Combats avec tes défenseurs! (bis)
Sous nos drapeaux que la victoire,
Accoure à tes mâles accens!
Que tes ennemis expirans
Voient ton triomphe et notre gloire.

Aux armes, citoyens, etc.

LE CONFITEOR.

Air : connu.

Mon père, je viens devant vous,
Avec une âme pénitente,
Me confesser à vos genoux
D'avoir été trop indulgente   (*Bis.*)
Pour un ingrat, pour un ingrat
    Que j'aime encor,
Dirai-je mon confiteor?   (*Bis.*)

Ah! mon père, si vous saviez
Quel charme avait mon infidèle,
Sans doute vous m'excuseriez :
Il me disait que j'étais belle,   (*Bis.*)
Qu'il m'aimerait, qu'il m'aimerait
    Jusqu'à la mort.
Dirai-je mon confiteor?   (*Bis.*)

Il ne m'eut pas dit quatre mots
Que je crus son ardeur sincère;
Je songeais à ses doux propos
Le soir, filant avec ma mère.   (*Bis.*)
Le souvenir, le souvenir
    M'en plaît encor,
Dirai-je mon confiteor?   (*Bis.*)

Dans mes chagrins, dans mes ennuis,
Son image me suit sans cesse;
Ce n'est que pour parler de lui

Que vous me voyez à confesse. (*Bis.*)
Son nom, mon père, son nom, mon père,
   Est Alcindor,
Dirai-je mon confiteor ? (*Bis.*)

Dites-lui, s'il vient devant vous,
Vous exposer sa repentance,
Que le plus grand péché de tous
Est le péché de l'inconstance. (*Bis.*)
Et Renvoyez, et renvoyez-
   Le-moi d'abord
Me dire son confiteor. (*Bis.*)

Allez, ma fille, allez en paix,
Vivez, vivez toujours de même ;
Qu'il ne vous arrive jamais
D'aimer à moins qu'on ne vous aime. (*Bis.*)
Méfiez-vous, méfiez-vous
   De ces ingrats.
Dites votre meâ culpâ. (*Bis.*)

Meâ culpâ, meâ culpâ,
Grand Dieu, la douce pénitence !
Mon père, je ferai cela,
Puisqu'aimer n'est point une offense. (*Bis.*)
Et j'aimerai, et j'aimerai
   Qui m'aimera,
Quitte pour un meâ culpâ. (*Bis.*)

———

LA TABLE

Air du verre.

Le dieu des vers sur un laurier
Inscrit les fils de la Victoire;
Le soldat, sur son bouclier,
Grave les marques de sa gloire.
Hier aux autels de Vénus
Je traçai mes vœux sur le sable;
Aujourd'hui je suis chez Comus,
Je vais écrire sur la table.

Je hais le faste et la grandeur:
Chez moi point d'apprêts, d'étiquette;
La franchise et la bonne humeur
Font les honneurs de ma retraite.
Là, je trouve un simple repas,
Que l'amitié rend délectable;
Le plaisir, qu'on n'invite pas,
Sans façon s'assied à ma table.

Voyez ce superbe oppresseur:
Debout il veille sur son trône;
S'il dort, dans un songe vengeur
Il voit s'échapper sa couronne

Lucas, qui s'enivre gaiment,
Surpris par un rêve agréable,
Se croit riche et trouve souvent
Une couronne sous la table.

J'aime toujours à voyager;
Mais alors Bacchus m'accompagne.
A table je fais, sans bouger,
Un tour en Bourgogne, en Champagne,
L'orsque, las de voir du pays,
Et devenu plus raisonnable,
Je veux visiter mes amis,
Je fais le tour de cette table.

Un jour, à la voix d'Atropos,
Il me faudra battre en retraite;
Adieu, perdrix et dindonneaux,
Et vous, amis, que je regrette.
Ah! n'attristez pas ce moment:
Point d'épitaphe lamentable;
Je prétends mourir en buvant,
Et qu'on m'enterre sous la table.

LA VEILLÉE DE VILLAGE

Air: *Il y a cinquante ans et plus.*

Déja l'on grelotte un peu;
L'on regagne la chaumière;
Et l'automne, au coin du feu,
Joint les filles (bis) aux commères;
Les rouets des vieilles mères,
Les regards des jeunes gens,
Et les soupirs des bergères,
Tout ça marche en même temps. (bis)

Martine va raconter;
Chacun vante sa mémoire:
Silence! on veut écouter,
Ici l'amant, là l'histoire;
Le difficile est de croire:
Mais les conteurs, les amans,
Tous deux mettent là leur gloire:
Tout ça marche en même temps.

L'histoire tire à sa fin,
Aisément on le présume,
Les rouets restent sans lin,
Tout finit, c'est la coutume:

Si la lampe se consume,
Et ne luit que par momen
Le cœur d'Anette s'allume,
Tout ça marche en même temps.

La lumière va finir,
Et Lubin qui lorgne Anette
Dit: « Il faut se divertir;
»Qu'à la main chaude on s'apprête. »
Le gaillard qui n'est pas bête,
Sait profiter des instans:
Le cœur, les mains et la tête,
Tout ça marche en même temps.

Las de rire et de parler,
Les jeunes prêtent l'oreille;
Lasses de toujours filer,
Déjà ronfle chaque vieille:
Si la prudence sommeille:
Pour le bonheur des amans,
Secrètement l'Amour veille;
Tout ça marche en même temps.

LE SOLDAT LABOUREUR

Air: Des *Maris ont tort.*

Je partis simple militaire,
Car la gloire enflammait mon cœur
Bientôt je fus dans une affaire
Décoré de la croix d'honneur. (bis.)
Croyez-moi, la seule vaillance
Des soldats fit des généraux;
Et plus d'un maréchal de France
Est parti le sac sur le dos. (bis.)

Moi j'avais dix-neuf ans à peine
Lorsqu'on me fit sous-lieutenant;
A trente ans je fus capitaine,
Je suis colonel maintenant.
Croyez-moi, etc.

Que de braves à leur courage
Doivent leurs titres et leurs rangs;
Et, quoique nés dans un village,
Se sont illustrées dans les camps.
Croyez moi, la seule vaillance
Des soldats fit des généraux;
Et plus d'un maréchal de France
Est parti le sac sur le dos.

VOYAGE D'UN BUVEUR.

Air : Suzon sortait de son village.

En un quart d'heure, avec mon guide,
Que j'ai parcouru de climats!
Par une descente rapide,
L'abord j'arrive aux Pays-Bas :
    Là, je m'avance
    En diligence
    Vers Mâcon, Nuits,
  Volnay, Baune, Chablis;
    Puis j'en débouche,
    Et, crac, je touche
    A Frontignan,
  Bordeaux et Perpignan.
Bientôt je me trouve en Espagne,
Entre Alicante et Malaga;
Je double Madère, et de là
  Je remonte en Champagne (ter).

QUAND C'EST PARTI, ÇA NE R'VIENT PLUS.

Air de M. de Plantate.

Lise était à la fleur de l'âge,
Et fière d's'es appas naissants,
S'moquait des vieilles du village
Qui pestaient d'n'avoir plus quinze ans.
« Pour les ravoir, leur disait Lise,
Vous donneriez tous vos écus;
Mais, croyez-moi, ça s'rait sottise,
Quand c'est parti, ça ne r'vient plus. »

Mais, à force d' railler les autres,
La pauvre Lise un jour tomba
Sous la main d'un d'ces bons apôtres
Qui vous frapp'nt et vous plantent là,
Et les vieilles, pour s' venger d'elle
Lui dir'nt : « Prends ton parti là d'ssus :
L's amants, c'est comm' les ans, la belle,
Quand c'est parti, ça ne r'vient plus. »

Après c'tte aventure cruelle,
Lise perdit l'repos du cœur ;
C'était à qui s'éloign'rait d'elle ;
Ell'devint laide à faire peur ;
Et tout chacun, riant d'sa tendresse,
Lui disait : « Regrets superflus,
Beauté, bonheur, amour, sagesse,
Quand c'est parti, ça ne r'vient plus. »

LE ROCHER DE CANCALE.

Air : Contentons-nous d'une simple bouteille.

Inaccessible à tout buveur d'eau claire,
Ce roc toujours fut l'écueil du chagrin,
Jamais ses flancs, qui bravent le tonnerre,
Ne sont battus que par des flots de vin ;
Et si le ciel noyait encor le monde
Pour en bannir les sots et les méchants,
Seul préservé, ce roc serait sur l'onde
Une arche ouverte à tous les bons vivants.

LE VINGT DU MOIS
AU ROCHER DE CANCALE.

Air : Lison dormait dans un bocage.

Le vingt du mois chaque convive
Accourt avec un peut d'esprit,
Amitié franche, gaîté vive,
Et surtout beaucoup d'appétit;
Là, dans cette joyeuse lice,
Dont Épicure est le soutien,
    On ne dit rien,
    On ne dit rien,
(Tout le temps du premier service),
    On ne dit rien,
    On ne dit rien,

Mais, en revanche, on mange bien.
Le dessert vient, l'esprit y brille;
Il s'élance avec le bouchon;
Puis le champagne qui pétille
Est le signal de la chanson :
Point de jaloux, jamais de guerre;
Point d'amertume, point d'humeur,
    Point de rigueur,
    Point de censeur,
Et lorsque la chanson sait plaire,
    Soudain en chœur,
    Et de bon cœur,
Chacun applaudit, quoique auteur.
        FIN.

TABLE.

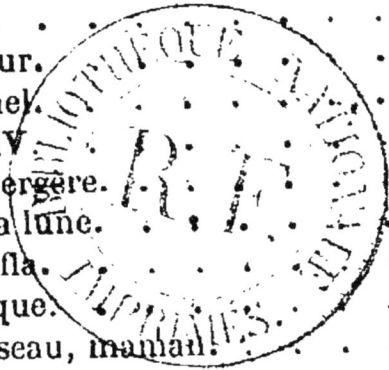

FIN DE LA TABLE.

Paris.—Imp. de Pommeret et Moreau, q. des Augustins, 17.